El deporte y mi cuerpo

Ciclismo

Charlotte Guillain

Heinemann Library
Chicago, Illinois

www.heinemannraintree.com
Visit our website to find out more information about Heinemann-Raintree books.

To order:
☎ Phone 888-454-2279
💻 Visit www.heinemannraintree.com to browse our catalog and order online.

© 2011 Heinemann Library
an imprint of Capstone Global Library, LLC
Chicago, Illinois

Customer Service: 888-454-2279

Visit our website at www.heinemannraintree.com

Edited by Siân Smith, Rebecca Rissman, and Charlotte Guillain
Designed by Joanna Hinton-Malivoire
Picture research by Ruth Blair
Production by Duncan Gilbert

Originated by Raintree
Printed and bound in China by South China Printing Company Ltd
Translation into Spanish by DoubleOPublishing Services

13 12 11 10
10 9 8 7 6 5 4 3 2 1

Library of Congress Cataloging-in-Publication Data
Guillain, Charlotte
  [Cycling. Spanish]
  Ciclismo / Charlotte Guillain.
    p. cm.—(El deporte y mi cuerpo)
  Includes bibliographical references and index.
  ISBN 978-1-4329-4346-2 (hardcopy)—ISBN 978-1-4329-4352-3 (pbk.) 1. Cycling—Juvenile literature.
  I. Title.
  GV1043.5.G8518 2011
  796.6—dc22   2010007039

Acknowledgments
The author and publishers are grateful to the following for permission to reproduce copyright material: Alamy pp. **11** (© Jenny Matthews), **17** (© Seb Rogers); Corbis pp. **5** (Wolfgang Rattay/Reuters), **10** (Sean Justice), **13** (Hill Street Studios/Stock This Way), **16** (Ariel Skelley), **21** (moodboard); Getty Images p. **15** (David McNew); iStockphoto pp. **18**, **22**, **20** (© Pathathai Chungyam), **22** (© David H. Lewis), **22** (© Craig Barhorst), **22** (© Michal Kolosowski); Photolibrary pp. **6**, **7**, **8**, **9**, **12**, **14**, **19**, **23**, **23**, **23**, **23**, **23**, **23**; Photoshot p. **4** (Liang Qiang/Xinhua).

Cover photograph of boys riding bicycles reproduced with permission of Getty Images/Sean Murphy/Lifesize. Back cover images reproduced with permission of iStockphoto: 1. bicycle pump (© Michal Kolosowski); 2. helmet (© David H. Lewis).

Every effort has been made to contact copyright holders of material reproduced in this book. Any omissions will be rectified in subsequent printings if notice is given to the publishers.

All the Internet addresses (URLs) given in this book were valid at the time of going to press. However, due to the dynamic nature of the Internet, some addresses may have changed, or sites may have changed or ceased to exist since publication. While the author and publishers regret any inconvenience this may cause readers, no responsibility for any such changes can be accepted by either the author or the publishers.

Contenido

Algunas palabras aparecen en negrita, **como éstas.**
Puedes hallarlas en el glosario de la página 23.

¿Qué es el ciclismo?

Cuando paseamos en bicicleta, hacemos ciclismo.

El ciclismo es un tipo de ejercicio.

Las personas van en bicicleta para hacer deporte o para transportarse. También podemos pasear en bicicleta por diversión.

¿Cómo aprendo a andar en bicicleta?

rueda estabilizadora

Muchas personas aprenden a andar en bicicleta con **ruedas estabilizadoras**. Las ruedas te ayudan a mantener el **equilibrio**.

Cuando estés listo, puedes quitar las ruedas estabilizadoras. Así aprendes a mantener el equilibrio y a **pedalear** al mismo tiempo.

¿Cómo uso las piernas y los pies?

Usas las piernas para mantener la bicicleta parada. Para comenzar a andar, colocas un pie en el suelo y empujas un **pedal** hacia adelante con el otro pie.

Usas las piernas y los pies para pedalear y mover la bicicleta. Puedes pedalear rápido o lento.

¿Cómo uso los brazos y las manos?

freno

Usas las manos para sostener el manubrio y dirigir la bicicleta. También puedes usar las manos para hacer sonar una campanilla o usar los **frenos**.

Puedes usar los brazos para indicar a los demás hacia dónde vas.

¿Qué le sucede a mi cuerpo cuando hago ciclismo?

Cuando haces ciclismo, tu corazón comienza a latir más rápido. Quizás sientas calor y sudes.

músculo de la pierna

Si pedaleas rápido, respirarás más rápidamente. Sentirás que los **músculos** de tus piernas comienzan a cansarse.

¿Por qué hacemos ciclismo?

Si vas en bicicleta, puedes ir más lejos y más rápido que caminando. Puedes visitar lugares nuevos.

Es divertido hacer ciclismo con amigos.
Todos pueden aprender a andar en bicicleta.

Cómo hacer ciclismo sin peligro

Un maestro puede enseñarte a andar en bicicleta sin peligro. Es importante que lleves puesto un casco cuando uses tu bicicleta.

Si vas en bicicleta de noche, enciende siempre las luces. También debes usar ropa de colores claros que los conductores puedan ver fácilmente.

¿Cómo cuido mi bicicleta?

No dejes tu bicicleta bajo la lluvia cuando no la uses. También puedes usar un candado para mantener tu bicicleta a salvo.

llanta

Asegúrate de que los **frenos** funcionen.
Comprueba siempre que las **llantas** estén
bien infladas.

¿El ciclismo me mantiene sano?

El ciclismo es un buen ejercicio y te ayudará a mantenerte en forma. También debes comer alimentos saludables y beber mucha agua.

Para mantenerte sano necesitas dormir mucho.
Así podrás divertirte de diferentes formas.

Equipo de ciclismo

casco

luz

candado

bomba

Glosario

equilibrio mantener firme el cuerpo o un objeto para que no se caiga

frenos partes de la bicicleta que se usan para disminuir su velocidad o para que deje de moverse

músculo parte del cuerpo que te ayuda a mover. El ejercicio puede desarrollar los músculos o fortalecerlos.

pedal parte de la bicicleta que empujas con el pie para hacer que la bicicleta se mueva. Usar pedales para hacer que algo se mueva se conoce como pedalear.

llanta anillo grueso de caucho que cubre el borde de una rueda. Generalmente, las llantas están llenas de aire.

ruedas estabilizadoras dos ruedas extra colocadas a cada lado de la bicicleta para mantenerla firme, en equilibrio

Índice

Aprende más

http://www.nhtsa.dot.gov/people/injury/pedbimot/bike/
KidsandBikeSafetySpan/index.htm
Este sitio web tiene algunos consejos de seguridad excelentes.

http://kidshealth.org/kid/watch/out/bike_safety.html
En este sitio web puedes aprender qué señales debes hacer con las manos cuando vas en bicicleta.